Te Cantó Mi Corazón

Oscar René Benítez

Te Cantó Mi Corazón

Esta obra es propiedad del autor.

© Copyright 2006 by Oscar René Benítez
© Derechos Reservados por Oscar René Benítez

Décima Edición: Noviembre, 2006

ISBN   1-890701-12-2
ISBN   978-1-890701-12-3

Esta obra está amparada bajo las leyes de *Derecho de Autor* y no puede ser reproducida total ni parcialmente por ningún medio de difusión ni almacenada sin autorización previa por escrito del autor.

This book is protected under *International Copyright Laws*. It cannot be reproduced as a whole or in part by any means without permission in writting from the *Author*.

1a. Edición 1981
2a. Edición 1992
3a. Edición 1993
4a. Edición 1994
5a. Edición 1996
6a. Edición 1997
7a. Edición 2001
8a. Edición 2002
9a. Edición 2006
10a. Edición 2006

Published in the United States.
La Mancha Publishing Group
Post Office Box 7757
Mission Hills, CA 91345
Tel/Fax (818) 994-8195

Oscar René Benítez reside actualmente en Estados Unidos. En 1983, Benítez fue ganador del segundo lugar en el concurso Simón Bolívar y en 1984, se hizo acreedor al primer puesto en el concurso Benito Juárez, ambos concursos de poesía y auspiciados por la Sociedad Literaria Educativa de Los Angeles. Le fue otorgada la medalla de la ciudad de Los Angeles por el Alcalde *Tom Bradley*. También fue finalista en el concurso internacional de poesía Pablo Neruda, realizado por la Sociedad Ibero-Americana de escritores de los Estados Unidos de América.

Entre sus obras figuran: **"Sollozos en el Viento"** —poesía; **"Treinta Poemas de Amor para María"**, **"Versos de Otoño"**, **"Cuando caiga la noche"** —poesía; las novelas **"Inmortales"**, **"Las Huellas de una Lucha sin Final"** y **"Cuando concluyó la guerra"**. Y el presente libro de poesía **"Te Cantó mi Corazón"** —Décima edición— en el cual se aprecia la sensibilidad de su autor y los distintos matices que utiliza para desenvolverse en un verso libre. En cada verso se adivina una historia de amor que merece ser cantada y Oscar René Benítez lo hace de una manera muy propia y sencilla. Por eso, cada estrofa es una "Canción del Corazón".

Inés Albán López
Periodista Colombiana

A Carmen
Este Libro del Corazón.

Oscar

Para vosotras, bellas mujeres,
que además de dulzura en los labios
lleváis nobleza en el corazón
hice mis poemas dulces.

...Y a vosotras, bellas mujeres,
que sólo sabéis contemplar
vuestra belleza, y no sabéis
como penetrar en el corazón;
yo os pido, que os detengáis
por un instante y penséis:
si podéis dar algo más que
vuestra belleza y vuestros labios.

El Autor.

DEDICATORIA

*Desde los lejanos bosques de mi soledad
te cantó mi corazón....
Desde aquí,
donde las ilusiones mueren antes de nacer
o son tan breves como un suspiro.
Donde la tristeza es el mayor don
que la vida ofrece.
De donde se ven los mejores años volar
como hojas secas sofocadas por el viento.*

*Desde aquí. Desde estos bosques sin nombre,
sin color, sin pájaros ni mariposas;
y donde sólo el sonido del viento
se escucha.
Donde el silencio llora su inmensa soledad
y juguetea, para no olvidarse
de su existencia,
con las almas abandonadas...*

¡... Te cantó mi corazón ....!

*Estuviste presente
en mi desdichado mundo de abandonos.
Si;
estuviste presente
y te paseabas por mi enfermiza
y desértica memoria,
como se pasea el viento
sobre los camposantos . . .*

Te Cantó Mi Corazón

Oscar René Benítez

CAMINA CONMIGO

Ven, abrázate a mi cuerpo;
envuélvete con los jóvenes mantos
de mi pensamiento y camina conmigo
por el colorido mundo de la poesía,
poesía mía.

Sabrás darme frío
donde haya calor,
y calor, donde haya frío.

¡Ah inseparable compañera de mi alma!

Soy una estrofa tuya
o tal vez una oración.
¡Quién sabe...!
a lo mejor soy
tan sólo una palabra.

CON LA VOZ DEL ALMA

*Tu voz es el susurro de la brisa,
tus manos más suaves que el terciopelo.
Me enloquece la seda de tu pelo
y el sonoro canto de tu sonrisa.*

*En tus brazos de ternura infinita
he alimentado un sueño de esperanza.
Sobre mi mundo de paso y de andanza
eres tú la alborada más bonita.*

*Aún resplandece en tu dulce mirada
la juventud de los mejores años.
Dulce mujer de talentos extraños
eres como las aves inspirada.*

*Con tu presencia a mi sueño das forma
de pájaro o de alguna estrella suelta,
y me envuelves en tu figura esbelta
y tu boca en bella flor se transforma*

*Mujer, te canto con la voz del alma
que siempre sueña con tus besos tiernos.
Tú me libras de los fríos del invierno.
En mi crepúsculo triste eres calma.*

A NADIE TE PARECES

He visto en tus ojos
agonizar la luz de algún crepúsculo,
o tomar forma
los rayos de un sol naciente.

Eres solitaria y sombría
pero aún sonríen en ti
la dicha y los sueños
que nacen al nacer el día.

Mi barca de soledad llena
surca tus mares de alegría.

Bajo el cielo nocturno te necesito,
para que desde las estrellas
me miren tus ojos negros.

Mujer hecha de ternura infinita,
mi amor es un pájaro entre tus manos.

Muñeca triste,
ámame con tu único modo.

Eres a veces caprichosa
más a nadie te pareces
y con nadie te comparo
porque eres dulce y primorosa.

Eres un crepúsculo cayendo silencioso
sobre mis manos vacías.

CON TUS ALAS

En tus alas hacia nuevos confines,
donde existan flores maravillosas,
quietos fulgores, blancas mariposas,
irá mi alma; y con tu voz de violines
yo sabré descender al universo,
y tatuaré tu cuerpo con mis besos.

La noche me envolverá silenciosa
y me refugiaré en tus tibios brazos
y beberé en tu boca deliciosa
el cáliz de tus labios temblorosos
y dulces, y levemente encendidos.

En tus ojos juega la noche, triste
niña, cuando te quedas pensativa.
Y cuando sueñas que el amor existe,
sientes que tu alma es una flama viva.

¡Ah, mi libertad vuela con tus alas
hacia donde los sueños nunca mueren!

NOCTURNAL

*Voy masticando el frío de la noche
con los dientes del silencio
y llevo la luz de la luna entre mis manos.
La noche tiene un sonido hueco y profundo.
Es como si hubieran derrumbes en el universo.
La luna se escapa de mis manos
y se pierde entre los cerros.
Van mis pasos sin dirección alguna.
Tengo un sueño y tengo un nombre;
más soy extranjero en mi propio cuerpo.
Van mis pasos hasta donde muere la noche.
Se pierden mis pasos. Mis pasos se pierden.
El eco huye, se oculta en el viento.
Encerrada en un puño llevo la alegría
y la tristeza en el otro.
Me traen recuerdos los perfumes
que ambulan en la noche
y una sonrisa nace en mi mirada.
Se pierden mis pasos. Mis pasos se pierden.*

OSCAR RENE BENITEZ

COMPAÑERA DE OJOS TRISTES

*Amarte es tan bello,
que me parecen míos
los árboles y las nubes.*

*Es como si tus besos
fueran el beso de las flores
y tu voz, los pájaros del canto.*

*Somos dos sueños
volando con las mismas alas,
dos ilusiones con un solo principio
y con una misma suerte.*

*Mi alma es una paloma blanca
que en tus brazos busca refugio.
Y lo encuentra. Y lo encuentra.*

*Compañera de ojos tristes,
eres un caudal de esperanzas.*

   Y te amo.

COMPARTE CONMIGO

A la alegría le robé los sueños
y las dichas y las risas,
para poder así reír en tu mirada
y soñar con los sueños tuyos;
y morder esperanzas en tus labios,
y respirar de tu aliento más vida.

Voy copiando de los mortales algún modo
para aprender a amarte
y en tus brazos volverme inmortal.

Yo vuelo. Quiero que vueles conmigo.
Y recorro los campos para robarle a las flores
algún perfume que se quiebra en el viento
o a los pájaros celestes cantares.

Quiero que compartas conmigo
lo que tengo y lo que no tengo;
los sueños y la risa,
las penas y la tristeza
y todo aquello que conozco
y que no conocí
y lo que me falta por conocer.

Puedo en tus brazos
morirme y revivirme,
y tú en los míos pareces
un pedazo de noche engalanada.

VOY FORMANDO

Con tus besos voy formando
un castillo de sueños,
con ventanas hacia el cielo
y con jardines hacia el mar.

Pero a veces lo sacude
casi hasta tumbarlo
el viento de la duda.

No permitas, compañera,
que nuestra fe se trunque.
Enséñame a confiar
aunque me mientas.

Con tus caricias voy formando
noches de amor
y entre tus labios y los míos
hay un sueño que se vuelve realidad.

Nuestras sombras desnudas
se reflejan en la pared
cuando llega la hora del amor,
y bebo de tus senos la ternura
y tatúo tu sombra con mis besos.

CADA DIA

Cada día es un poema
y tus besos son
bellas frases perfumadas.
Desde que te conozco,
desde que me conoces,
sé porqué brillan las estrellas
juntas en el cielo.

Este amor de fuego
que eterniza cada instante,
y al cual cada intante eterniza,
es como gotas de lluvia
adormecidas en las hojas de un árbol.

Cada día es un poema
y cada día yo te amo.
¡Amo tus senos perfumados!
¡Amo tu sonrisa blanca!
¡Amo la danzante figura de tu cuerpo!

Cada noche emprendemos juntos
un viaje a lo largo del universo
y soñamos entre galaxias.
Cada noche envejecemos,
y cada noche rejuvenecemos,
cuando confundimos
la vida con la muerte
y nuestro pensamiento
juega con el más allá.

Cada noche es un poema
porque tú estás conmigo,
mujer de ternura y de sueños.

POR LO QUE ME DAS

Tú, aroma de todas las flores.
Yo, pasión de todos los vientos.
¿Cómo te dejaré de amar?
Si llevo en mi alma sentimientos
que van cubriendo mis viejos dolores.
¡Hoy todo parece cantar!

¡Cuántas veces miré en tus ojos
jugar la luz de los colores,
crepúsculos grises y rojos,
las huellas de viejos amores!

¡Ah tus manos exploradoras,
tu piel, tu cuerpo de algodón;
tus caricias prometedoras
de amor, de paz y de ilusión!

El placer es tan pasajero
que nada dura y nada deja.
Por lo que tú me das te quiero.
En tu mirada se refleja
lo que desde hace tiempo espero.

Yo no añoro mi libertad
si te tengo siempre conmigo.
eres mi calma y mi ansiedad,
mi piel y mi cálido abrigo.
O la noche que sin testigo
se pierde en nuestra intimidad.

¡Qué más pedir! Si eres mi cielo,
mi mar, mi dolor y mi todo.

SI LAS PASADAS HORAS

Cuando tus lindos ojos se cierran
y tus mejillas se palidecen,
tus labios que mis besos esperan,
suave me dicen cuánto padecen
al no besarlos yo.

Si las pasadas horas volvieran
con el canto leve de un recuerdo,
y a tus claros ojos asomaran
lágrimas por un amor ya muerto,
¡más padecería yo!

Es por eso que a cada momento
te digo con cantos, y te enseño
con mis besos mi más grande empeño
de darte mi alma y mi pensamiento.
... ¡ Todo te lo doy yo !

UN SUEÑO

*Todos en la vida tenemos un sueño
y mi sueño eres tú.*

¡Soñando contigo soy feliz!

*Todos en el mundo tenemos una alegría
y mi alegría eres tú.*

*¡No hay alegría más grande
que reír en tu sonrisa!*

SI TU ME DIERAS

*Si tú me dieras el corazón
yo te daría mi libertad.....*

*Si tú me dieras tu cuerpo:
de besos lo llenaría yo....*

EN MI MUNDO DE SUEÑOS

Voz que susurra
en las ondas infinitas del viento.
Sonrisa, dulce sonrisa
en los labios de la primavera.

Musa naciente.
Mariposa de seda.

¡Corriente de ríos,
corriente... Dulce corriente!
Quebrándose, quebrándose
como besos, como lágrimas

al compás de suspiros
al compás de caricias.

Y mi corazón
y mi alma

tratan de retenerte,
de apresarte en mi mundo,
en mi mundo de sueños;
...¡En mi loco mundo de sueños!

¡Ah, si tan sólo yo pudiera
guardar tu amor en mi corazón!
¡Ah, si mi alma se cobijara
con los blancos pliegues de tu alma!

¿Y mañana?
¿Sabes dónde estarás mañana?

¡Déjame cobijarme
con los pliegues blancos de tu alma!

AQUI ESTA MI PECHO

Cuando me besas
tu alma llora
se ahoga
se agrieta.

Se te queja el corazón
y tus labios, -como temerosos-
se separan de los míos.

¡Un suspiro!
¿Por quién suspiras?
Sé muy bien
que no es por mí.

Cuando me abrazas
se cierran tus ojos
para no verme.
Yo sé bien que sueñas con él.

Como una botella de vino,
como una barca de olvido,
como un consuelo para tu dolor
aquí está mi pecho
¡Embriágate!

Te ofrezco mi pecho.
Este pecho educado por el dolor
y madurado con desilusiones.

Te lo ofrezco
tan sólo para que olvides
ese dolor de ayer.

CAMINAS CON EL ATARDECER

Eres ternura y gracia
convertida en mujer.
Eres pasión, eres consuelo.
Eres el vino que me embriaga.

¡Como tú nadie me amó!
¡Nadie me dio tanto como tú!

Yo te miro desde mi corazón
y me pareces ausente,
como temerosa de perderme.

Se te llena el rostro
de una tristeza indecible.

Caminas con el atardecer
que enreda perfumes
de flores moribundas

                       - Y piensas en mí -

¡Ah, compañera, eres el maravilloso océano
donde naufragó la barca de mi libertad!

PEQUEÑA MARIPOSA

¿Cuándo vendrás a mis días
pequeña mariposa
que con alas de ilusiones
vuelas sobre el jardín
de mis ensueños?

¿Cuando saldrás
de los rincones de mi pensamiento
para tomar forma
con los leves soplos del viento
que canta al pasar?

¡Contigo sueño en las noches,
y mis noches sueñan contigo!

Sin haberte tenido te extraño.
Y te espero
como si hubieras de venir
mañana.

REFUGIATE

*Refúgiate en mis brazos,
tímida y cobarde
bajo esta luz
que el crepúsculo nos regala
y déjame una vez más
acariciar tus cabellos
largos y sedosos.*

*Déjame beber de tus labios
el cáliz que me embriaga
el corazón.*

*¡Ah infantil adulta mía
me estoy acostumbrando
a tu manera de amar!*

*refúgiate en mis brazos,
tímida y cobarde
bajo esta luz
que el crepúsculo nos regala.*

TE PARECES

Te pareces a las playas en invierno.
Solitaria, taciturna,
de pie; así situada frente a mí
sin hablar y con los ojos fijos
mirando al crepúsculo agonizante.

Te pareces a las playas en invierno.
Entristeces de pronto
si mis labios no besan tu boca de miel.

Cuando sonríes
tus labios de rosa virgen,
tu mirada sin límites,
tu aliento fresco,
me pintan en las paredes del cielo
la alegría de un amanecer.

POR SIEMPRE

Recordaré por siempre
el primer beso tuyo
y el eco melancólico de tu voz,
el cual se ahogaba entre mis labios.

Recordaré por siempre
las palabras que pronunciaste esa noche;
las cuales aún escucho en mis sueños
y grabadas están en mi corazón.

¡Tu aliento semejaba a la suave brisa
de una de esas tibias noches de verano!

NO ES POR ESO

Apareciste en mi vida
como una blanca gaviota,
como la niebla que flota
sobre los campos dormida.

El rocío siempre se posa
en tus labios, en tu boca,
en tu mirada que toca,
que su triste luz besa.

Aquí estoy con tu belleza,

con tus manos y tu piel;
con esos labios de miel
y con tu alma de tristeza,

casi empezando a vivir
las páginas de un amor,
las tristezas de un dolor
que pronto me hará morir.

¿Para que retenerte?
Quiero que libre vueles,
como ave, en otras pieles.
En donde no haya muerte.

Yo no podré guardarte
en mi alma ni en mi pecho,
ni en mi piel, ni en mi lecho.
No, no podré guardarte.

Entonces compañera
ámame en el presente
con ese amor naciente,
¡luz de la primavera!

El viento que menea
las rosas en el huerto
sabe que aún no ha muerto
la fe de nuestra idea

Son tus brazos de alabastro
Más suaves que el terciopelo.
Llevas fundida en el pelo
la encendida luz de un astro.

No quiero acostumbrarme
al calor de tus piernas,
ni a las caricias tiernas
que siempre sabes darme.

Tampoco quiero olvidarte
antes ni después del acto.
Le eres agradable al tacto
y a mis labios al besarte.

Entónces compañera
ámame en el presente,
con ese amor naciente,
¡luz de la primavera!

No es por eso que te quiero:
es por todo lo que llevas:
muchas ilusiones nuevas,
¡un corazón tan sincero...!

ABRI MIS LABIOS

Besé la mañana
abrí mis labios al viento
y mis ojos de luz nueva se llenaron

Grité alabando al amor,
alabando tus besos,
tu vientre de rosa virgen.

Mi corazón
cual si fuera un mundo de amor
me palpitaba en el pecho

como locomotora loca,
como temblor de tierra

y mi alma se vestía de fiesta,
de canción
y se perfumaba con el aroma de tu amor.

¡Ah tu cuerpo de estatua!
Sobre sábanas blancas reposaba
manchado por el pecado del amor.

Me besó la mañana,
se abrieron los labios del viento
y mis ojos de luz nueva se llenaron.

MAS QUE UN SENTIMIENTO

Para ti mis palabras se convertirán
en dulces poemas de amor.
Porque eres algo más que un sentimiento.
Eres la luz que domina el alma
y esclaviza el pensamiento.

Para ti mi alma de loco,
de soñador sin sueños,
como un jardín del mundo,
dará flores preñadas de rocío.
Te dará su canto, su alegría.

Para ti,
que con tu risa calmas mis iras
y me haces reír si triste estoy.
mi mano inexperta creará grandezas.

Porque eres algo más que un sentimiento
mis labios se humedecerán
con el rocío de la noche
para besar los tuyos al amanecer
y mi boca
con cada una de mis palabras
te dirá -¡Te quiero!-

Para ti,
que con un beso perdonas todo
y castigas con tu silencio,
nacieron las flores del campo.

DOLOR

Viento que sopla al viento,
aguas agitadas de la mar,
nubes que llorando pasan
llévenme con ustedes a volar.

¡Pobres ojos míos cuánto lloran!
¡Pobre corazón muriendo estás!
Y mi pensamiento se lanza al vacío
y se pierde en un horrible precipicio
donde la soledad y la amargura reinan.

¿Por qué, dime, por qué he de perderte?
si eres en mi vida el único anhelo,
porque en ti encontré el calor del sol
y la inmensa claridad de cielo.

Lágrimas amargas resbalan sobre mi rostro
y en mis venas la sangre se agita
como se agita el agua de los mares
con el raudo ciclón.

Habrá en tu vida otro amanecer
y palabras de ternura te despertarán;
pero nadie, nadie, mujer,
te entregará el corazón
como lo hice yo.

Otros brazos se abrirán para recibirte
pero nunca te brindarán el cariño
que yo te brindé.

CUANDO PASEN

Cuando pasen las horas y los días,
cuando precipitado el tiempo pase
si todavía mi alma te recordase,
es que aún estás en las venas mías.

La campiña se ha fundido en tus ojos;
la lluvia, cuando tu pupila llora.
Diré que es una abeja voladora
la que dejó miel en tus labios rojos.

Sé que de mis besos te olvidarás.
De tu rostro, tal vez me olvidaré.
Tal vez por siempre en mí te llevaré.
¡Quién sabe! Si tú aún me amarás...

Hay días llenos de tristeza infinita,
de ilusiones mojándose en la lluvia.
El blanco sol de cabellera rubia
sonríe triste, al llegar la mañanita.

Por ti lo di todo. ¡Todo lo di!
Y salpiqué mi cuerpo con tus besos.
Mucho sufrí, pues te llevé en los huesos
y al olvidarte el corazón perdí.

¿Cómo se perdió nuestro gran amor
de la distancia inclemente en los lazos?
Tú podrás olvidar en otros brazos
lo que yo estoy pagando con dolor.

HE ROBADO

He robado a las flores su perfume,
el susurro al viento,
el trino a las aves
y al sol la luz plena
para que a tu felicidad se sume
de mi sentimiento
los cantos más suaves
en mi poesía llena
de tanto amor, de inspiración sublime.

Las cosas que por amor he robado
para que mi canto
lleve notas dulces
de amor no de pena
para tu corazón enamorado,
pagaré con llanto
bajo tenues luces
de una noche ajena
a las llenas de amor que tú me has dado.

EN LAS PLAYAS

*En las playas la noche cae
silenciosa y profunda,
como el mar, como la tristeza.*

Algunos astros, algunos sonidos.

*¿Y qué más? Sólo la noche silenciosa.
Una persona que camina solitaria
bajo la **tenue luz** de las estrellas.*

*¡Nada más! ¡Tal vez un recuerdo!
¡Una lágrima, un sollozo!*

*Han venido a bañarse en las frías aguas
astros de oro, de luces pálidas y tristes.
Cansadas olas que han robado
el sonido al silencio,
¡melodías que volaban en el viento!*

*Algunos aromas deliciosos
que nadie sabe de donde vinieron.
A veces pienso: ¡El mar tiene secretos
tan escondidos...!*

*De pronto pasa un velero.
¡Un velero **blanco** y silencioso!*

*¿Hacia dónde van los veleros
cuando las noches son frías y profundas?
¿Hacia dónde irán las noches,
cuando son profundas como el mar?*

*Eso es todo:
el silencio de la noche bañándose en el mar.*

AQUI

Aquí el viento canta
y lloran las olas al morir...

Frente a mí el mar,
¡Ese mismo mar!
¡Azul e inmenso!

Aquí me siento bien.
La playa está solitaria
como una alfombra
tendida a mis pies...

Luces, una tras otra
hiriendo la oscuridad
de la inmensa noche.

Se rompen las olas
contra las rocas,
remedando lejanas quejas
de lejanas bocas;
de las almas solitarias.

Aquí el viento canta
una canción de otros labios,
una canción callada
sin música ni palabras.

EL INVIERNO

*Ha llegado otro invierno
pesado y triste
como las manos de la muerte.*

*Es esa melancolía
que vuela en el aire
como fantasmas,
la que inspira
a los pajarillos.
Todo huele a tierra mojada.*

*Mi corazón sigue sumido en la tristeza.
¡La lluvia cae...!
Me siento triste
y mi tristeza me hace pensar
que el cielo llora:
y que como un poeta
adorna con rosas su dolor,
el cielo adorna con colores
su tristeza
y llora.*

FRENTE AL CREPUSCULO

Aquí estoy
frente al crepúsculo.

El viento desenreda
perfumes de rosas agonizantes.

¡Te pinta en sus últimos matices
el día que se va!

Aquí estoy. Y te miro lejana.

¡Ay, no puedo acostumbrarme
a esta soledad...!

Aquí estoy
frente al crepúsculo
pero tú no estás conmigo.

Se desvanece tu imagen
en el misterioso horizonte

¡Ay! ¿Por qué no puedo acostumbrarme
a esta soledad?

DE PRONTO

Vuelvo los ojos a tiempos pasados,
donde las flores del amor soñaban,
donde los pájaros siempre cantaban
notas dulces, ritmos acompasados.

Ya no hay más flores en esos jardines,
ni mariposas, ni cantos, ni aromas.
Ya no alzan de allí el vuelo las palomas
para buscar los perdidos confines.

¿Tan pronto así la juventud se va?
¿Cómo pueden morir los sentimientos
hundidos en la nada por los vientos
de una falsa alegría que ya no está?

La vida se ha vuelto vieja de pronto.
De pronto, todo parece que muere...
O muere. Es pesada la angustia que hiere
al corazón cuando se vuelve tonto.

Y como un castigo, rejuvenecen
todas, todas las ya viejas quimeras.
¿O es que acaso vuelven en primaveras
de colores, que más nos envejecen?

¡La Vida es un momento en el espacio
que muere bajo cielos de topacio...!
¡Es un dolor triste y profundo, un lloro!
!Es un instante fugaz e incoloro!

MORI

Niña de humo, de sol, de piel
ya no escucho tu acariciadora voz.
Tus palabras, las palabras mías.

Yo morí en tus brazos.
Nací en tus brazos.

Y en ellos me abrigué
y me sentí pequeño,
cuando tú me besabas
en los labios y en la frente.

¡Oh calor de hogueras ardiendo!
¡Oh la rosa de tu vientre!
¡Oh momento de las entregas
sin límites ni condiciones!

Yo miraba a través de tus ojos
un inmenso cielo azul.
¡Las maravillas ocultas del fondo del mar!

PARA TI NIÑA

Para ti niña que inspiras al poeta
con ese canto de tu risa loca
o con el beso ardiente de tu boca,
dedico de este poema la silueta.

SUEÑO O REALIDAD...

Con mi propio pensamiento te formé
Con luz de los ojos míos
a tus ojos dí luz,
y con el tacto de mis manos
te hice sentir.

Con aliento de mi boca
puse vida a tu ser...
¡Sueño o realidad...
yo te amé!

Con los latidos de mi corazón
tu corazón activé;
y con el sonido de mi voz
a tus oídos enseñé a escuchar.

Con la sonrisa de mis labios
tus labios aprendieron a sonreír...
¡Sueño o realidad.....
yo te amé!

¡COMO MUERE EL AMOR!

*Tan sólo ayer pensaba
que al encontrarte
después de aquel adiós
correría a tirarme
entre tus brazos
y que con el pensamiento
elevaría las gracias a Dios.*

*Más esta mañana,
al encontrarte
sólo pude sentir frío en el alma
y sorprendido me dije:
¡Caramba, cómo muere el amor...!*

*Sin yo darme cuenta
te había dejado de amar el corazón.*

TU AMOR FUE

Tu amor fue como la brisa
suave y perfumada
de los bosques de mi tierra.

Tu amor fue como un dolor,
como un suspiro
o como esa lágrima de amor
que cae para perderse
sobre las aguas del mar.

¡Tu amor fue en mi vida la alegría!
Nació como el sol en el amanecer.
Rayos de cariño y dulzura
se extendieron en nuestros corazones.

Tu y yo un solo pensamiento.
Tú y yo un lamento o una sonrisa.

Nuestro amor nació
como las flores del campo
nacen para morir.

Tu amor fue como un rayo de luz
en mi noche oscura
me hizo sentir sobre la frente
besos de amor y de ternura.

En tus ojos encontré
la luz de la esperanza.
Luz que poco a poco se pierde
así como se pierde el sol
en la oscuridad de mis noches.

¿QUIEN DE AQUELLOS?

¿Quién de aquellos te recordará
como lo hago yo?

¿Quién de aquellos que cortaron
las coloridas y fragantes rosas de tu juventud
y desahogaron sus placeres de hombre,
                    -(como huracanes)-
sobre las blancas colinas de tu amor?

¡Quién de aquellos te recordará...!

¿Quién de aquellos vendría ahora,
a regar tus pétalos marchitos,
con frescas gotas de amor?

Ahora que nadie te recuerda,
ahora que estás sola y vencida;
ahora que te sientes triste y pequeña,
busca entre tu pasado,
entre tus recuerdos,
aquel corazón atormentado
-del hombre que todo te lo quiso dar-.

ME ABANDONARON

Como aves asustadas
me abandonaron tus recuerdos
y partieron,
llevándose con ellos lo único
que guardaba de tu amor
hacia el olvido.

Con cada tarde partían
y se despedían de mí,
para perderse después
en la calma del crepúsculo.

Con cada tarde partían
y con ésta, el último se va.

TU NOMBRE

Me hiere tu nombre
cuando lo pronuncian estas paredes
que no tienen boca ni palabras.

Me hiere el corazón
la tristeza de mis noches,
el silencioso insomnio,
las meditaciones y el pesar.

Tiemblan mis manos
tratando de retener las tuyas,
buscando tu rostro,
tu talle frágil y delicado.

Te vas, desapareces
de mi visión fugaz
y te pierdes
entre estas paredes que te nombran.

Estoy prisionero
en este mundo de los recuerdos.
Aquí vivo. En este mundo de olvido
que construiste con besos amorosos,
con atenciones, con caricias.

Cada uno de tus besos
era un paso más
a este mundo
del eterno padecer.

Tu nombre
lo pronuncian mis labios
y como hiere un cuchillo,
tu nombre me hiere en el alma.

NADA GUARDAS

Nada queda de nuestro amor.
Nada de nuestras noches.

¿Para qué sirvieron
nuestros cuerpos desnudos
acariciados por la brisa?

¿Para qué tus pechos de espuma
o mis labios enrojecidos
de tanto amar?

Nada guardas.
Yo tampoco guardo nada.

¿Para qué sirvieron
nuestras caricias en el amanecer,
cuando amanecíamos?
¿Para qué el prolongado beso del adiós?

Si con él morías tú,
moría yo.
¡Moríamos los dos!

Nada queda de nuestro amor.
Sólo la noche sombría
que me recuerda tus ojos.

¡Ah tus ojos que parecían
decir tantas cosas,
que nunca dijeron!

Estas noches son las mismas.
Pero no tus ojos.
Tampoco son tus brazos
los que me acarician.

AUN TUS FUEGOS QUEMAN

La luna se levanta majestuosa
sobre las montañas,
sobre los altos edificios.

Duerme tranquila, soñando, la ciudad.

Y tu recuerdo emerge de otros tiempos
en esta noche fría y silenciosa

¡Ah tus ojos cuando eran bañados de lleno
por la luz de plata de esa luna
ahora entristecida!

¡Cuánto te amaba yo!
¡Cuánto me amabas tú!

Amor. Aún estando distante
tus fuegos me queman el corazón

y tu voz de pajarillo errante
parece cantarme.

Cuántas veces alimento la esperanza
de volverte a ver
y correr hacia ti. Abrazarte y besarte
y no dejarte partir.

TE SENTIRAS MUJER

Cuando el viento
vuele con sus alas de oro

arrebatando de las rosas
pétalos marchitos,

perfumes, colores...

Y la lluvia caiga
con su silencio escandaloso

como venido de mil tumbas
sin cementerio.

Como besos
lanzados al viento,

como tristezas, como brumas
buscando corazones.

Cuando una cabeza joven
descanse sobre tu pecho

como una bellota de algodón
sobre el surco

*y un aliento que no sea el tuyo
y unos labios que al besarte*

*te llenen de tibieza
las sienes, el cuello*

*sentirás que el más leve roce
de viento frío pudo hacerte mujer*

*y hacerte vibrar
como cuerdas adoloridas*

REGRESASTE TU

*Como esas abejas
que después de chupar
la miel a las flores
regresan para jugar con sus pétalos
vacíos y sin sabor,
regresaste tú.*

*Como esa brisa
que después de botar
las hojas de los árboles
regresa para juguetear con ellas
y arrastrarlas hasta romperlas,
regresaste tú.*

*Como esas abejas
trataste de jugar con mis labios...
Como esa brisa
quisiste arrastrarme a tu cuerpo,
arrastrarme al placer...*

DAME

Dame ese tesoro que llevas dentro,
no me des tu piel suave y delicada;
sólo quiero recordar de este encuentro
la dulce terneza de tu mirada.

Dame ese tesoro que no se olvida;
la fe del sentimiento y la ilusión.
Niña, permítele a mi corazón
amarte, quererte toda la vida.

No quiero tu belleza material.
Quiero que me des ese sentimiento
que ocultas en tu alma, como una mina
del oro que esclaviza el pensamiento,

torrente de luz clara que domina
sin ser tormenta ni huracán ni viento.

Dame de ti las ilusiones tiernas.
¡No me entregues esta noche tus piernas!
-Por favor compañera no te frustres,
porque de mi alma obtendrás lo que encuentres.

NO BASTARON

He visto morir
todo aquello nuestro,
todo aquello tuyo,
tus labios tan rojos.
¡Todo ha muerto ya!

No bastaron, amor,
para guardarte en mí
sólo dulces misivas.
Y mis noches son vivas
estatuas del dolor.

¿Qué te habrá pasado,
qué viento de olvido,
qué labios, qué manos,
qué besos, qué risas
a olvidarme pronto
tan bien te enseñaron?

No bastaron, amor,
para guardarme en ti
caricias abundantes,
mis besos delirantes
de pasión y de deseo,
mis manos y mis sueños;
mis locas ilusiones.

TE DOY MI VERSO

Por todo aquello que nos dimos,
por todos aquellos momentos
que con tanto amor compartimos,
formará mi alma monumentos.

Con lágrimas de amor, secadas
por los incontenibles vientos
del dolor, que sin ser espadas
hieren o matan sentimientos.

Por tristes leyes de la vida
yo busqué en el cantar del viento,
con el alma del pensamiento,
besos que curaran mi herida.

Era mi boca adolorida.
Después otros besos llegaron
y con su sabor me enseñaron
a olvidarte como se olvida.

Te doy mi verso. El más doliente,
porque es el de la despedida.
Y aunque no estuviste presente
fue mi corazón tu guarida.

Oh dolor de todo lo ausente,
hoja que va desvanecida,
luchando contra lo presente
para encontrar la fe perdida.

LA NOCHE ES TIBIA

Mirar hacia el mar en la noche oscura,
recordar días ya perdidos; lejanos,
agiganta en mi pecho la amargura
¡Pues la noche es tibia como tus manos!

En otros brazos me has olvidado.
En ellos sonríes confiada, segura
porque para ti todo ha pasado
mientras a mí me besa la locura.

Busco fuerzas para aceptar tu olvido
en ese viento que al pasar se queja,
que llora y después como un arpa vieja
se queda sin notas y sin sonido.

!Recordar tu voz, tu sedoso pelo,
tus ojos inundados por el llanto!
¡Las noches que mirábamos al cielo
y nuestras almas se prometían tanto!

¡Ah tus labios, tu piel, tu hermosura!
¡Ah momentos de risa, de locura...!
¡Ah tu voz quebrándose suave a mi oído!
Dime tú, niña, ¿adónde te has ido?

Ahora comprendo por qué llorabas
aquella tarde de tu despedida.
Sólo tú sabías que me abandonabas,
que con tu adiós te llevabas mi vida.

VOLVERAN

*Volverán las lluvias
y el rocío bañará las flores
como ayer.*

*Volverán las suaves y húmedas brisas
y el frío me hará temblar otra vez.*

*Volverán entonces a mi mente
los momentos felices
que a tu lado viví.*

*Volverán a mis ojos
aquellas lágrimas de amor
convertidas en lágrimas de tristeza.*

*Volverán a posarse en mis labios
otros labios
más no tendrán la dulzura
que en los tuyos encontré*

Volverán ...

*Volverán otros ojos
a mirarse en los míos;
más no tendrán el fuego
y la timidez de esos tus ojos
azules como el mar.*

*Volverán a mis oídos
otras voces a sonar
más no tendrán la ternura
que de tu voz un día escuché.*

*Las lluvias volverán;
también volverán las brisas.
Volverá el sol en un nuevo día;
pero jamás volverá a mí
tu amor que tanto anhelé.*

BUSCABAS...

*Buscabas una razón para creerme
cuando tu sonrisa
era el símbolo de la falsedad.*

¿QUE PODIAS DARME?

Además de unos ojos
azules y dormilones,
de un cuerpo frágil y delicado,
de unos labios dulces y purpurinos
y unos cabellos de oro
¿Qué más podías ofrecer?

Además de palabras bonitas y graciosas,
de noches repletas de placer,
de sonrisas forzadas,
de abrazos sin calor
y besos sin ternura
¿Qué podías darme?

Además de mentiras
y falsas promesas,
de dolor y desengaños,
de celos y dudas
dime esta noche:
¿Qué, qué podías darme?

Nada podías darme
y todo lo querías.

GOLONDRINA

Soy como la golondrina
que emigró de otros mares
buscando cosas nuevas,
nuevos horizontes.

Volé sobre mares de tristeza,
sobre mares de miel y alegrías.
Volé sobre el mar encantado
de tu amor...

Puse a tus pies mi corazón
y por tomarlo entre tus manos
a pisarlo tu orgullo te obligó.

Velé tu sueño,
amé tu cuerpo
y como un perro fiel
dormí tendido a tus pies.

¡Ay pero el mar de tu amor
era encantado!

Me mecí sobre tus olas
y bebí agua de tus besos,
comí de tus manos,
respiré de tu aliento.
Fuí como un esclavo, como un rey.
Pero el encanto desaparece....

*Heme aquí como esa golondrina
que buscó siempre otros mares.
Mis cansadas alas tratan cada día
de olvidar un encanto,
el encanto de tu amor.*

*De lo que ayer fue,
como fuego ardiente en mi corazón,
apenas quedan cenizas.*

*Cenizas que el viento de mis alas
lanzará al vacío de los recuerdos.*

TE RECUERDO

Entre los azules espejos
de esta fría y silenciosa noche
te recuerdo.

El viento al pasar se queja
y la brisa entristecida canta.

¡Una lágrima...!

Una lágrima brota de mis ojos
pero no estoy llorando;
es mi soledad la que llora.

¡Sollozos en el sonido del viento
al pasar...!

El viento al pasar se queja
y la brisa entristecida
canta entre los azules espejos
de esta noche.

EL SILENCIO

En la penunbra de la noche,
entre cuatro paredes blancas
el silencio llora.

El silencio llora
en silencio . . .

TRISTEZA MIA

*¿Por qué me abandonas al llegar el día,
para regresar con la entristecida
luz del crepúsculo, tristeza mía ...?*

*Infiel compañera,
niña extranjera
que veniste a mi pecho
para consolarme en las noches
y abandonarme en el día.*

*¡Cómo te extraño cuando no estás
tristeza mía!*

*Duermes y lloras conmigo
y al despertar
te encuentro a mi lado.
De pronto me besas y sin decirme adiós
te marchas.*

*¡No, no me abandones
tristeza mía!*

OJOS

Ojos míos, bellas sombras tristes
llenas de sueños infinitos.
Ventanas de mi mundo solo.
Reflejos de la ansiedad mía.

Otros llantos pueblan mis ojos.
Sonríen cuando el alma sonríe.
Lloran...
Lloran...
Sufren...
Ríen
mis dos sombras negras y tristes.

NEGRO TREN

Solitario tren de la angustia,
en tus vagones viaja la muerte,
el olvido, el fracaso.

¡Partes siempre en el ocaso!

Llegas a las ciudades
más grandes y ahumadas;
en donde pueblan la soledad,
la amargura y el delito.

En tus vagones llevas
esperanzas muertas,
locuras incomprendidas;
sueños que se volvieron pesadillas.

¡Negro tren de la angustia!
¡Negro tren de la angustia!

En tus vagones viaja la muerte,
el olvido, el fracaso.

ES CASI NADA

El cantar eterno de las olas.
Un crepúsculo que se aleja.
Nubes viajeras, como pañuelos.
Todo lo que me rodea es casi nada.

Soy el fruto que de la tierra vino.
Y antes fui, pequeñas raíces.
Pequeños átomos en el viento.
Soy el fruto que la tierra dió.

El soñador de sueños bellos
que a veces se vuelven pesadillas.
Minúsculos pedacillos de carne
en temporal unión.

De todas las cosas estoy hecho.
Todos los árboles me ayudaron a ser.
Y de sus materias me alimentaré
cuando vuelva a ser raíz.

Me atrae todo lo bello,
como a las mariposas el color de las flores.
Y como ellas me quedo seducido
ante el declinar de las tardes.

El morir eterno de las olas.
El crepúsculo que nace y muere,
y vuelve a nacer para volver a morir.
Nubes viajeras que se pierden en la nada.
Todo lo que me rodea es casi nada,
o casi todo.

VIVIENTE

Aún estás viviente:
cuando llega la aurora,
y cuando triste llora
mi alma bajo el sol poniente.

Tu imagen en el cielo,
tu aliento sobre el mar.
¡Vino el sol en tu pelo
fuego y seda a dejar!

Estás tú, bajo la sombra,
estás en la claridad
y en esa inmensidad
del mar que hoy no te nombra.

¡Tú, mi dicha pasajera,
mi vino, mi fe y mi pan!
¿Adónde tus sueños van?
¡Acaso en la primavera,
se quedaron a jugar?

LOS ARBOLES

Suena tu risa, resuena en el bosque
Las hojas caen mecidas por el viento;
cual esperanzas rotas en la noche.

Los árboles cantan tu dulce nombre.
Las flores te recuerdan y se besan.

Tu amor fue el más loco, el más triste y corto.

Más yo seguiré amándote, como antes,
entre todas estas cosas bellas,
y tan imposibles, y tan inciertas.

Tú cantas entre los árboles verdes
porque eres delgada como la brisa
y suave; tan triste como estas sombras.

Las flores tiñeron tus dulces labios.

NO PUDE

Cubrió los campos la tarde:
era triste, era sombría.
Lloró el corazón cobarde
y nublóse el alma mía.
¡Y ella partió con la tarde!

No pude impedir el viaje.
Yo siempre la quise tanto,
¡Y verla allí, con el traje
de partida! ¡Ah, todo el llanto
derramé al ver su equipaje!

Ella que me prometía
amor puro y verdadero,
partía así, como un velero
bajo la noche sombría.
¡Su mano se alzó primero!

Y un adiós quedó marcado.

¡Ay, mucho tiempo ha pasado
y aún espero su regreso!
La dulzura de sus besos,
¿en qué rostro se ha posado?

MENTIROSA

¿Por qué te muestras cariñosa
y tan fiel, y con tal albura,
cuando tu alma de tal negrura
está cubierta, mentirosa?

¿Por qué me das amor fingido,
que tan sólo la noche dura,
y cuando envuelto en tu hermosura
lleno con mi calor tu nido?

Ya nada más puedo ofrecerte.
No puedo. No vale la pena
pagar por siempre una condena
y tan sólo por conocerte.

Me diste la sed y la fruta
y entre tus noches me ensalzaste,
y después de mí te burlaste,
dejando espinas en mi ruta.

Voy tambaleante sobre espinas
de incertidumbre y desengaño;
pues la desdicha es sin tamaño.
¡Mentirosa, y mi alma iluminas!

Tus besos fueron fuego ardiente
y tus promesas cruel mentira.
Y aunque mi alma por ti suspira,
¡que triste, muere lentamente!

¡Estoy tan triste! ¿No lo notas?
¿Cómo vivir con la desdicha
que sufro, que lloro? Desdicha
de ver mis esperanzas rotas.

¡Ah! Tú aún llevas blancas sonrisas
que dar a tus nuevos amores.
En la voz pájaros cantores
llevas. No mientas donde pisas.

No te muestres tan cariñosa
cuando de tibieza mis brazos
llenen los tuyos. No hay ya lazos
que nos unan más, mentirosa.

Te doy lo último que me queda.
Te ofrezco lo último que tengo.
Pues con este dolor hoy vengo
a darte un verso que no es seda.

No nos engañemos, termina
de saciarte; se nos acaba
la noche, ¡vive que se acaba!
Porque el sol ya nos ilumina.

CON OLVIDO

Caminabas en medio del verano
bajo el calor ardiente del sol;
moviendo tu talle y tus blancas manos.
El viento te llevaba en su voz.

Llegaron los fríos del invierno.
Llegaron las noches oscuras.
Se quedaron solas las playas.
Pero tú estuviste presente.

¡Ah, tu calor era infinito!
¡Todo en ti fue siempre dulzura!
¡Tus labios eran fuego y miel!

Pero en esta hora. ¡Terrible hora!
que nos recuerda lo perdido,
tan angustiada el alma llora.
Todo se paga con olvido.

Y tú no estás aquí conmigo.

FUISTE

*Fuiste un sueño de esperanza.
En mi noche fuiste hoguera,
fuiste canto, fuiste arrullo.*

*Fue siempre el cariño tuyo
como flor en primavera
que abre sus pétalos leves
para beber luz y vida.*

*Mi noche te extraña tanto;
mi alma, mi piel y mi lecho.
Una tristeza del pecho
hizo mi queja, mi canto.*

*Mi beso en tus suaves brazos
fue como un beso a la noche.
La oscura piel de tu cuerpo
me embriagó en su ardiente fuego.*

*Me llevó hasta la locura
con un amor en retazos.*

*Aquella caricia tuya
y tus labios entreabiertos,
hoy parecen tan inciertos;
más mi alma se fue en la tuya,*

y eso, no puedo olvidarlo.

SIN ELLA

Sin ella la tristeza es más profunda.
El dolor es mortal, hiere, es amargo.

Me falta su mirada quieta y triste.
su ternura, sus besos en mi piel.

Su amor fue como un pájaro en mis manos,
y voló libre hacia nuevos senderos.

De tanto que le dí, ¡le dí tan poco!
Sólo la amargura de mi tristeza.
¡Ah, sólo un vacío enorme en mi alma sola!
Su voz fue como el cantar de las olas.
Su tibieza, ¡la del verano fue!

Más nada existe ya, sólo el recuerdo
de las noches llenas de amor, de encanto.

¡Ah! la soledad me envuelve en sus brazos
destructores y sombríos; y me mata.

¡Ay, sin ella la tristeza es profunda!

EL DOLOR DE MIS DOLORES

La brisa cubrió de flores
los ladrillos del portal.
Lindos pájaros cantaban
y se volvía musical
el dolor de mis dolores.

En el cielo dibujaban
pañuelos de adiós las nubes.
Mi queja sola en el viento
llora, se pierde y se pierde
el dolor de mis dolores.

La soledad es un barco
inundado de silencio,
de fracasos y de olvido,
que llora al suave compás
del dolor de mis dolores

El viento arrastra hojas secas
hacia lejanos lugares
y mi mirada se pierde
tras el horizonte azul
con dolor de mis dolores.

¡oh dolor, me das la muerte
y también me das la vida!

En mis lágrimas te embarco,
en mis quejas te despido
más sigues aquí vibrante,
oh dolor de mis dolores.

QUEDARAS

*En esa luz del sol poniente
donde el viento se desenreda;
y el alma como ave se queda
en los espejos de la tarde;
como una hoguera que sola arde
bajo ese cielo azul, doliente.*

*Ya no estás como ayer presente,
más por tanto recuerdo queda
tu nombre en mi verso de seda
grabado, sonoro y viviente.*

*Tú quedarás en mi memoria,
como ave triste en la arboleda;
como lágrima que se enreda
entre los pliegues de mi historia.*

MUJER

Mis manos podrían
como el labriego de la tierra,
hacer nacer coloridas flores
en tu corazón.

Y recorrer tu cuerpo
como esa brisa que al amanecer
acaricia la pradera
y riza las aguas del mar.

Mis besos podrían
como gotas de rocío
humedecer los pétalos
de tu frágil figura,
¡tus labios!

Tantas cosas puedo darte.
Tantas y tan pocas cosas,
vestidas con bellas palabras
que son susurro y grito
a un mismo tiempo.

¡Mujer de sueños!
¡Quiero beber la poesía
en tus labios!
¡Y morder en tu boca
sueños que aún no has soñado!

TU MIRADA

*Tienes en los ojos dormida
la calma de un amanecer.
Y el bello rosal de tu vida
alegre empieza a florecer.*

*Es tu mirada dulce y quieta
y penetra hasta el corazón;
yo diría que es del amor saeta,
que hizo de un sueño la ilusión,*

*Por saber todo lo que sientes
yo te daría todos mis sueños,
mi fe, mis talentos pequeños,
mis besos locos, delirantes.*

VENDRA

Es un sueño bello y dulce
Un soplo de viento leve.

Al caminar se parece
a las flores que se mueven
al suave compás del viento.

Me he visto en sus ojos claros
tantas veces, tantas veces
besé sus labios tan rojos
en la locura de un sueño.

¡Cauce de aguas más tranquilas!
¡Ah dulce aroma de lilas!

¡Sueño vestido con rosas!

¡Cauce de aguas más tranquilas!
¡Ah dulce aroma de lilas!

La conozco. La conozco.
Mis sueños dicen que existe.
Vendrá con la primavera
bajo la luz del ocaso.

RETRATO

*Cuando pienso en lo dulce que eras
me acerco a tu retrato
pero nada puedes decirme.*

*Me miras,
más fría que nunca*

*y a veces pienso
que nunca sonreíste*

*o que naciste sonriendo
como mariposa, como retrato.*

*Me miras.
¡Tus ojos no cambian!*

*Y a veces me pareces
un pajarillo pensativo*

*descansando sobre las ramas
en la sombra del crepúsculo.*

SUEÑOS E ILUSIONES

*Prefiero vivir de sueños e ilusiones
y transportarme así a otros mundos,
donde la paz, alegría y sinceridad reinan,
que vivir aceptando
la cruel y cruda realidad
donde el hombre odia al hombre
y brinda una amistad
llena de hipocresía.*

*Quisiera ser como el pájaro
que vuela disfrutando de la ansiada libertad.
Libertad que al hombre es negada.*

*Me gusta volar con las alas del viento
y lanzar más allá mi pensamiento,
para robarle un poco de tiempo
al tiempo y disfrutar
de un momento de tranquilidad.*

*Quisiera vivir siempre
frente a un jardín
que tenga flores en abundancia
para dejar entre flores mi ignorancia
y que mi alma soñadora
olvide la triste realidad.*

SOLO

*Cayó como siempre la noche,
cubriendo los campos de sombra,
inundando con su silencio.
Cayó entre mis manos vacías.*

*Remolinos de angustia vagan
en los rincones de mi pecho.
Noches de soledad y angustia
me llenan de sombra los ojos.*

*Vive detrás de mi mirada
un sollozo dormido, un grito.
Mi mirada es la noche oscura
que oculta dolores, misterios.*

*Una lágrima desprendida
de hojas amarillentas, pálidas,
más me recuerda que estoy solo;
luego me llena de tristeza.*

*Ser solo es tener honda y triste,
y suplicante la mirada.*

NUNCA TUVIERON

*Como esas tardes melancólicas
de invierno
que amanecen tarde
y nunca tuvieron amanecer,*

*mi tristeza
nunca tuvo alegrías
y mi vejez
nunca juventud...*

PLAYAS EN INVIERNO

Gaviotas color de cielo
columpiándose en el aire
fresco y puro de la tarde.
Palmeras tan elevadas,
hojas secas en el suelo,
viejas huellas no borradas.
¡Las playas en el invierno
son más dulces, más amigas!

Las mujeres no vinieron
bajo sus trajes de baño,
enseñándo casi todo,
a recibir mil lisonjas.
Tampoco vinieron hombres
a admirar figuras bellas,
sólo vino el poeta triste,
el que sueña en las estrellas
a borrar pasados nombres.
¡Las playas en el invierno
son más dulces, más amigas!

El mar es como un espejo,
refleja el color del cielo
y lava las quietas sombras
de nubes y de gaviotas.
Algo hiere las limpias aguas:
un barco, un misterio grande,
el pensar del poeta triste
que se sueña pajarillo,
gota de lluvia o rocío
¡Las playas en el invierno
son más dulces, más amigas!

HE VISTO

He visto morir el crepúsculo:
entristecido, ensangrentado,
reposando sobre nubes de púrpura.

El silencio de la noche cae
sobre el silencio de mi soledad
y allá, donde el cielo y el mar
se besan como dos fieles amantes;
allá donde temeroso del saber
de los hombres
el horizonte se esconde,
se pierden mis miradas
en busca de un amor.

ES MI ALMA

*Cuando las flores duermen
acariciadas por el rocío*

*y la tenue luz de las lámparas
baña las calles,*

*como ave nocturna,
en los oscuros espirales del silencio
vaga mi alma.*

*Como el delgado sonido del viento
va recogiendo versos
en la penumbra de la noche.*

*Es la misma noche
que abriga los misterios
la que me envuelve.*

*Es mi alma. O la silueta de mi alma
la que soñando vaga
por las riberas de un río invisible.*

VACIO

Caminar.
Caminar por las calles vacías
sintiéndose vacío...

Vacío.

¡Tan barato!

Más barato que un pedazo de carne
colgado en los puestos del mercado.

Sintiéndose como un pedazo de carne,
buscando carne barata
por las calles vacías.

SEGUIRE SOÑANDO

*Bajo un cielo dormido
he soñado y he vivido
como pájaro en la noche
con las alas recogidas por el frío.*

*He caminado bajo esas estrellas
misteriosas, de ciegas luces,
de colores extraños
como los ojos de la muerte.*

*He caminado, he vivido y he soñado
bajo un cielo dormido;
bajo estrellas misteriosas,
de ciegas luces.*

*He soñado.
Siempre soñé...
y como siempre, seguiré soñando.*

SOÑANDO

La vida es un sueño
y soñar es vivir

¡Ay, y soñar es tan bello!
que en vez de vivir
prefiero soñar.

UNA HORA

Si yo en mi vida
hubiese dormido una hora completa

habría con ella
prolongado los años de mi muerte.

ENTRE EL CIELO Y EL MAR

Un sendero entre el cielo y el mar,
en donde no exista un horizonte,
quiero con mi pobre alma encontrar.
Un sendero de aire, agua, y de monte.

Verde como los prados floridos,
azul como el mar y como el cielo.
Un sendero de dicha es mi anhelo.
Es forma de sueños coloridos.

¡Ah, quiero que sea de tal albura,
para que mi alma en el recorrido
quede blanca, limpia, quede pura;
y vea al fin un sueño concebido!

Busco un sendero en el cielo claro,
que le ofrezca a mis sueños cabida,
que les dé forma, que les dé vida,
y que le otorgue a mi verso amparo.

Que sea de luz palpable, viviente
como las aves de dulce canto,
y que sea de agua como la fuente.
¡Ah, que sea un sendero limpio y santo!

*Que esté adornado con las estrellas
y con nubes de colores ciertos
o con tiernos pétalos abiertos,
de las flores que nacen más bellas.*

*Diré que ese sendero es la vida,
cuando se busca en el más allá
una respuesta, que desprendida
desde el cosmos la verdad nos da.*

*Así cuando venga a mí la muerte
sabré que es el nacer del futuro,
y aunque se quede mi cuerpo inerte
mi espíritu marchará seguro.*

SOY VELERO

Siempre callé mi silencio,
mis verdades y mentiras;
siempre mis resentimientos
y mis pesadas angustias.

¿Cuántos de aquellos que me vieron reír
conocieron mi alegría o mi dolor?

Amores tuve y me dejaron.
Alegrías que guardar no pude,
momentos llenos de placer
tan fugaces como un suspiro.

Siempre estuve solo,
como todos los árboles
los ríos y los mares;
las vacas, los peces;
las piedras y el campo.

Siempre estuve conmigo.
Me ayudé algunas veces.
Busqué ayuda otras veces
y nadie me entendió.
¿Para qué he de negarlo?
Ni yo me comprendí.

Soy como un velero
perdido, olvidado
en la inmensidad
de un mar hondo y gris.

CAMPANARIO

*LLevo en la testa un campanario
sin campanas y sin sonidos
y ni siquiera sé por qué
suena como agua de un balneario
cuando se duermen los sentidos.*

*Es una campanada
de dolor, de tristeza,
de sueños frustrados;
es una campanada
llegada de mil tumbas.*

*Es un campanario que olvida
que recuerda si así lo quiere.
La pesada bala no lo hiere
y la muerte no lo convida
a sus colinas de feos huesos.*

RECUERDOS DE JUVENTUD

¡Cómo olvidarte
pedacito de juventud
que tiemblas,
como el rocío en las flores,
en los viejos pétalos de mi memoria!

¡Cómo olvidarte
dolor que plegaste mis labios
y surcaste mi frente
por tantos pesares!

¡Cómo olvidarte
colorida primavera
de mis veinte años...
pequeño sufrimiento
de un ayer...!

AÑORANZA

*Qué bonitos eran aquellos días
cuando con manos de jardinero,
con alas de mariposa en celo,
con dulces aromas de la tarde,
el amor vestía a mi corazón.*

*Amor, a veces palabra dulce,
otras veces tormento y dolor,
por todo lo bueno que me diste;
por lo malo y lo que me quitaste,
quiero recordar pasados nombres,
pasados y lejanos momentos
de alegría, de placeres y angustias.
Los labios que al besarme temblaron,
los ojos que en los míos se miraban.
¡Sólo puedo pensarlos, o verlos
borrosos en el papel del tiempo!*

PENSARAS

Cuando sepas que lo has perdido,
cuando lo mires lejano
desde tu soledad inmensa.

Cuando no haya una mano tibia
que tome la tuya
y unos labios que la besen,

pensarás: "¡Cuánto me amaba él!"

Cuando la noche sea larga
y tiemblen tus labios
anhelando un beso;
cuando las lágrimas aparezcan a tus ojos
producto de tu soledad,

dirás: "¡Por qué no pude amarlo yo!"

El era la tarde,
lleno de poesía, lleno de canción.
Tú eras la mañana,
rebosante de alegría, de esperanzas.

¡Ah, . . . Vuestros besos se perdieron
como un leve sonido en el viento!

Cuando veas en el mar las olas
elevarse una tras otra
y romperse después contra las rocas
o morir como una gaviota sobre la arena

pensarás: "¡Cuánto habrá sufrido al olvidarme!"

NO ESTA CONMIGO

Sus ojos eran dos caminos
que mi alma recorría feliz.
Sus labios eran dulces, tiernos;
mi boca mordíales la miel.

Me embriagó el vino de sus besos.

Aún en el crepúsculo bello,
lleno de tristeza profunda
miro las primeras estrellas
y la recuerdo, ¡ y más la extraño!

¡Las noches, la lluvia, el viento!
aún me traen los dulces aromas
de su cuerpo tan perfumado
y de su aliento tembloroso.

Residuos aún siguen ardiendo,
recuerdos aún turban mi sueño
y esta soledad que me mata
más me hace amarla y revivirla.

¡Cómo siento sus manos tibias!
Mi caricia en vano la busca,
porque ella, ¡ella no está conmigo!

MURIERON

Ya murieron las bellas flores
de mi juventud, y los sueños
siguen siendo tan sólo sueños
que iluminan los albores
quietos de mi vejez, llegada
como un crepúsculo en invierno.

Pero sigo por el camino
de la vida, en que todo crece.
Y como un árbol se estremece
al soplo del viento iracundo,
vibra mi alma frente al destino
y soy sólo un sueño en el mundo.

AHORA COMPRENDO

*Hoy que has vuelto traes de la primavera
los colores fundidos en tu piel.*

*Como el amanecer, como la noche
eres alegre y triste al mismo tiempo.*

*Parecen renacer todos mis sueños
en tus senos, en tu piel de alabastro.*

*Quiero reconocerte entre mis brazos.
Que mis labios surquen tu cuerpo claro.*

*En tu voz cantan el viento y las olas.
En tus ojos sueñan tristes crepúsculos.*

*Estás allí, sentada y pensativa.
Te miras en mis ojos soñadores.*

*Ahora comprendo por qué no te olvido.
Ahora comprendo por qué no me olvidas.*

*Eres triste como una despedida,
como un atardecer, como el ocaso.*

*Mujer, ya no eres mía, y nunca lo fuiste.
Tus sueños van más allá de mis suelos.*

No pudieron florecer en mis surcos.
No pudieron navegar en mis aguas.

Vuelves para que ensayemos el vuelo,
cual dos aves por los largos confines.

Hecha eres de todas las cosas bellas.
De todo lo amargo y todo lo dulce.

Blancas mariposas duermen en tu alma.
El rocío cubre tus labios de miel.

Mas yo te amo, porque fuiste el milagro
Tu recuerdo jamás me abandonó.

En tu mar se desataron los vientos.
Mis deseos más infinitos y locos.

Tú, mi último grito, mi última angustia.
No partas de nuevo, quédate siempre.

AQUELLOS AMANTES

Caminaban siempre
bajo la luz del crepúsculo;
tomados de la mano recorrían la playa.

Ella era la música que llora,
cuando el viento sopla la soledad.

El era la frase dormida en los labios,
un poema que no se pudo escribir.

Juntos eran una canción de amor,
un solo sueño,
que se sueña sin reglas ni medidas,
eran un poema de amor.

Eran tristes sus miradas
y sus sueños infinitos,
como el mismo universo.

Se amaron, como todos los que se aman,
y lloraron,
como todos los que lloran.

Y como todo termina,
aquel sueño que soñaron terminó
y vieron romperse sus corazones.

Se dieron cuenta,
que después de que se habían querido tanto
no podían иrarse,
ni siquier   ablarse.

¡Ah, vuestro amor fue tan breve!
¡No hubo para vuestros sueños cabida!
en el cielo, en la tierra, ni en la vida!

El, tal vez, ya casi la olvida,
en sus noches de delirio, en cantinas,
en otros labios, otros brazos, otras pieles.

Ella, tal vez ya lo olvidó.
Ya olvidó aquellas flores,
aquellos besos junto al mar,
la voz que susurró a sus oídos.

Aquellos amantes,
que parecían tan ciertos como el mar,
¿hacía donde habrán ido?

¿Por qué caminos? ¿Entre qué gente
ocultarán la soledad?

¡Ah, vuestro amor fue tan breve!

A TI

He robado a cada uno
de mis dolorosos momentos
lo que he podido decir
en estas páginas dolientes,
y hoy por fin, mi alma ha reído;
hoy ha visto aparecer
en su mundo gris
un sol brillante.

Es esta la forma en que respondo
a lo que me dejaste.
Aunque traté de recordar
por siempre tu amor,
tus ojos, tus labios de rubí,
me fue imposible.
He aquí para dejar impresos
mis dolores, mis cantos y mis besos
unos cuantos sollozos en el viento.

Todo lo que en mis poemas te doy
es en pago a lo que me diste;
porque amándote yo, más que a nadie,
me burlaste y me ofendiste.

Ya no te quiero.
Pero en el fondo
hay aún pequeñas cosas
que el tiempo,
el dolor,
y todo lo que me resta
de sufrimiento y de vida,
quizá no lograrán extinguir
lo que en mis lágrimas
no pudo salir del alma.

Es este mi canto
antes y después de conocerte...

Hay otros nombres,
sin ser pronunciados,
que aquí aparecen.
Son nombres, figuras de personas
que no pudieron arrancarte de mí.
Labios que al besarme
me hacían recordar los tuyos.
Corazones que amar no pude,
ilusiones que frustré;
en fin, tantas cosas
que me parecieron pocas
al no tenerte junto a mí.

Hoy he visto por fin la luz
de una calma, casi simulada,
al sentir que te he olvidado,
que ya nada guardo para ti.

Se habían convertido
en mis peores enemigos
mis propios sentimientos.

Mi mirada te buscó
y no te encontró.
A ti pedacito de un ayer eterno,
que me hiciste volar
sobre nubes amorosas,
sobre las alas de un futuro
que nunca existió,
quiero dejarte
lo más doloroso de mi dolor
lo más triste de mi tristeza,
lo más simple de mi desprecio
y lo más dulce de mi olvido,
al decirte adiós.

*Si un día quisieras buscarme,
no trates de encontrar mi cuerpo.
Búscame en los mares, los ríos;
en los montes donde solitaria
canta la tristeza,
un dolor que ya perdió;
porque allí estaré fundido
como un leve sollozo en el viento.*

*¡Adiós mujer que amé!
¡Adiós!
¡No desmayes ante el huracán!
¡No permitas reír a tu dolor!
¡Adiós, amor de lejanos días!
¡Adiós...!*

LA DESPEDIDA

Me dejaste tan vacío,
en total abandono.
Y vi nacer y morir
las noches y los días.

Me crecieron enormes sombras
debajo de los ojos.
Lloré, te maldije
y algunas veces
te acaricié en silencio.

Este es mi delirio,
las últimas rosas
que escupió el rocío
y lanzadas a tierra
por el viento;
las últimas espinas
que en mi desierto crecieron.

¿Para qué me hiciste
amarte tanto?

Ya nada queda
y nada quedará.
Sólo unos cuantos
sollozos que aún
no he lanzado al viento,
o tu imagen,
pintada en las viejas
paredes del crepúsculo
después de la lluvia.

INDICE

Camina Conmigo	1
Con la Voz del Alma	2
A Nadie Te Pareces	3
Con Tus Alas	4
Nocturnal	5
Compañera de Ojos Tristes	6
Comparte Conmigo	7
Voy Formando	8
Cada Día	9
Por lo Que Me Das	10
Si Las Pasadas Horas	11
Un Sueño	12
Si Tú Me Dieras	13
En Mi Mundo de Sueños	14
Aquí Está mi Pecho	15
Caminas con el Atardecer	16
Pequeña Mariposa	17
Refúgiate	18
Te Pareces	19
Por Siempre	20
No Es Por Eso	21
No es por eso	22
Abrí Mis Labios	23
Más Que Un Sentimiento	24
Dolor	25
Cuando Pasen	26
He Robado	27
En las Playas	28
Aquí	29
El Invierno	30
Frente al Crepúsculo	31
De Pronto	32
Morí	33
Para Tí Niña	34
Sueño o Realidad	35
¡Cómo Muere el Amor!	36
Tu Amor Fue	37
¿Quién de Aquellos?	38
Me Abandonaron	39
Tu Nombre	40
Nada Guardas	41
Aún Tus Fuegos Queman	42
Te Sentirás Mujer	43 y 44
Regresaste Tú	45

Dame	46
No Bastaron	47
Te doy Mi Verso	48
La Noche es Tibia	49
Volverán	50
Buscabas	52
¿Qué Podías Darme?	53
Golondrina	54 y 55
Te Recuerdo	56
El Silencio	57
Tristeza Mía	58
Ojos	59
Negro Tren	60
Es Casi Nada	61
Viviente	62
Los Arboles	63
No Pude	64
Mentirosa	65 y 66
Con Olvido	67
Fuiste	68
Sin Ella	69
El Dolor de mis Dolores	70
Quedarás	71
Mujer	72
Tu Mirada	73
Vendrá	74
Retrato	75
Sueños e Ilusiones	76
Solo	77
Nunca Tuvieron	78
Playas en Invierno	79
He visto	80
Es mi Alma	81
Vacío	82
Seguiré Soñando	83
Soñando	84
Una Hora	85
Entre el Cielo y el Mar	86 y 87
Soy Velero	88
Campanario	89
Recuerdos de Juventud	90
Añoranza	91
Pensarás	92
No Está Conmigo	93
Murieron	94
Ahora Comprendo	95 y 96
Aquellos Amantes	97 y 98
A Ti	99 y 100
La Despedida	102